# DE
# L'ÉDUCATION
### DANS
# LES ÉCOLES MOYENNES;

## DISCOURS
### prononcé dans le sein
#### DE LA
## SOCIÉTÉ SUISSE D'UTILITÉ PUBLIQUE,

à Lausanne, le 6 Septembre 1842.

#### PAR
## L. F. F. GAUTHEY,
PASTEUR, DIRECTEUR DES ÉCOLES NORMALES DU CANTON DE VAUD.

---

*Elever est le mot ; notre langue a admirablement nommé la tâche de l'éducation.*

VINET. *Notice sur l'Ecole supérieure des jeunes filles, à Lausanne.*

# LAUSANNE.
## IMPRIMERIE DE J. S. BLANCHARD AÎNÉ.

—

## 1842.

# DE

# L'ÉDUCATION

## DANS

# LES ÉCOLES MOYENNES.[1]

Messieurs,

La cause de l'instruction éducative est plaidée depuis long-temps dans notre Suisse. Les voix éloquentes des Pestalozzi, des Fellenberg, des Girard, des Naville, l'ont défendue avec chaleur, et, nous le croyons, avec succès. Quelques restes de préjugés et la difficulté de se débarrasser entièrement de l'ancienne routine s'opposent encore çà et là à cette grande amélioration, mais le procès n'en est pas moins gagné, et le moment approche où les vrais principes pédagogiques exerceront autour de nous l'influence qui leur appartient. C'est une belle lumière qui s'est levée sur le monde, et j'ai la ferme confiance qu'un jour viendra où elle l'éclairera tout entier.

[1] Ce discours, prononcé d'abord d'après des notes, a été dès lors rédigé avec plus de développement par son auteur.

Jusqu'ici on s'est essentiellement occupé de l'influence d[u]
principe éducatif dans les écoles élémentaires ; mais il m[e]
paraît important de montrer que ce même principe doit au[ssi]
dominer dans les écoles secondaires ou moyennes ; en d'a[u]
tres termes, que dans ces écoles on doit s'attacher avant to[ut]
au développement des forces humaines dans leur harmon[ie]
primitive. Nous voulons que l'instruction y soit donnée d'u[ne]
manière large, forte, variée, mais qu'elle conserve consta[m]
ment le caractère éducatif.

## I.

Les écoles moyennes sont, selon les termes mêmes de la l[oi]
vaudoise, destinées aux jeunes gens appelés à donner plus [de]
développement à l'instruction qu'ils ont reçue dans les éco[les]
primaires, sans faire toutefois des études scientifiques prop[re]
ment dites. Ces écoles auront pour effet, de former dans n[otre]
pays une classe plus instruite que la masse générale des [ci]
toyens, et ainsi, de préparer des hommes capables pour [les]
diverses carrières privées et pour le service public. Or, p[our]
que ce but soit pleinement atteint, il faut que la tendance [et la]
direction éducative y reste dominante et qu'on ne l'y p[erde]
jamais de vue.

Expliquons maintenant aussi clairement que possible [ce]
que nous entendons par *éducation* et par direction *éduca[tive.]*

L'homme est une unité organique dans laquelle se mani[fes]
tent diverses forces, auxquelles on donne ordinairement [le]
nom de *facultés*. Ces forces se réduisent à une simple un[ité]
quand on les considère dans leur principe. Il n'y a qu'une [force]
dans l'homme, mais elle se répand dans des directions d[i]

rentes et coule dans plusieurs canaux. Ce sont ces directions diverses de la force primitive qui constituent des facultés distinctes. Le Créateur, en les mettant en nous, les a liées par des rapports merveilleux et multipliés, ensorte que, dans leur combinaison, elles forment un harmonieux ensemble. — Dès l'enfance on voit poindre ces diverses forces; elles sont alors comme un germe; elles rappellent les boutons de fleurs que leur calice enveloppe presqu'en entier et qui n'exhalent pas encore tous leurs parfums; mais elles sont là, et attendent leur développement, soit de l'énergie spontanée que le Créateur a mise en nous, soit de l'influence de l'éducation.

Quelle est la tâche de l'éducateur?

1°. De seconder le développement de toutes les facultés naturelles; 2°. de l'opérer graduellement et sans secousse, imitant en cela la marche de la nature; 3°. de respecter et de maintenir l'harmonie primitive et divine, que le Créateur a établie entr'elles.

Voilà ce que nous appelons *éducation*. Ce mot, conformément à l'étymologie, signifie l'action de faire sortir ou épanouir ce qui était comme caché et enveloppé dans l'enfant. C'est par l'éducation seule que nous formerons vraiment l'homme, l'homme tel que Dieu l'a voulu, l'homme avec toutes ses forces, l'homme selon son idéal éternel, l'homme tel qu'il doit être pour atteindre sa destination.

Le développement éducatif de l'enfant commencera dans le sein de la famille et en quelque sorte dès le berceau; il se continuera dans les salles d'asiles ou écoles enfantines, puis dans les écoles primaires; mais il faudra qu'il prenne plus de force et de profondeur dans les écoles secondaires ou moyennes, afin que l'œuvre, d'abord ébauchée, acquière tout le fini dont elle est susceptible.

Considérons en effet que toute la première carrière du jeune homme peut se diviser en deux parties principales. La première est celle du développement éducatif et des études générales ; la seconde est celle des études spéciales destinées à préparer directement le jeune homme à l'état qu'il doit embrasser. Or, comme nos jeunes gens entrent dans les écoles moyennes à l'âge de 13 ou 14 ans, il est évident qu'à cette époque le développement général est loin d'être accompli. C'est donc dans l'école moyenne qu'il doit s'achever, et elle ferait un fort mauvais ouvrage si elle entait des études toutes spéciales sur un développement étroit et mesquin. Il faut à l'édifice une base large et profonde ; cette base, c'est la première culture.

D'ailleurs, le but n'est pas essentiellement de former des négociants, des agriculteurs, des industriels, des administrateurs, il s'agit avant tout de former des hommes ; si ce but capital est manqué, tout est manqué. Or, comment former des hommes, si ce n'est en développant simultanément et comme d'un seul jet toutes les forces des élèves ? Ici, séparer, c'est détruire.

L'influence éducative est d'autant plus nécessaire dans les écoles moyennes, que les élèves qui les fréquentent traversent précisément une des périodes les plus décisives de la vie, une période dans laquelle a lieu un développement naturel, qui jette le jeune homme dans un monde nouveau et semé d'écueils. Alors que son cœur se dilate plus fortement, que son imagination prend un essor plus vif, qu'une poésie pleine d'illusions commence à occuper les avenues de son esprit, et à lui donner ou le goût de la rêverie, ou une agitation impatiente et fiévreuse, n'est-il pas d'une importance souveraine que toute la puissance de l'éducation soit là pour le diriger,

et qu'il n'ait pas simplement des maîtres pour lui communi-
quer des connaissances, mais des instituteurs, des amis sûrs,
capables de le guider dans les voies de la sagesse et de la vertu?
S'il en était autrement, n'aurait-on pas à craindre que le pas-
sage de l'enfance à l'adolescence ne fût marqué par de graves
écarts, et que le jeune homme ne commençât à faire fausse
route dans la vie?

On me dira peut-être, que c'est l'âge où l'Eglise donne
l'instruction religieuse, et que ce moyen doit suffire pour imprimer à la carrière du jeune homme une direction élevée et
pure. — Nous répondrons, qu'il faut qu'il y ait une harmonie générale dans les moyens employés pour agir sur lui; que
non-seulement il ne faut pas risquer que les uns contrarient
les autres, mais que tous doivent tendre vers un même but,
savoir, le développement de toutes les forces du jeune homme
selon le plan de la Providence; que pour cela, il faut qu'il
trouve un ensemble de soins, d'encouragements et de conseils
affectueux, aussi bien dans l'école qu'il fréquente, que dans
sa famille et dans les instructions de son pasteur.

De plus, ce développement large influera de la manière la
plus heureuse sur la carrière future de l'élève et sur ses succès
dans la profession qu'il embrassera. En effet, il n'est aucun
état qui n'exige plus ou moins le concours de toutes nos facultés. Dans toutes les professions, on a besoin de sens exercés,
d'une certaine vivacité de conception, d'une imagination un
peu active, d'une attention forte, aussi bien que de jugement,
de conscience et de cœur. Il en résulte que le jeune homme
qui aura été cultivé sous ces divers rapports, aura humaine-
ment parlant, plus de chances de réussir dans la spécialité
qu'il embrassera, que celui qui n'aura pas joui des mêmes
avantages. — C'est ce que l'expérience confirme pleinement.

Un homme (¹) qui est fort au courant de toutes les expériences qui ont été faites en Allemagne, me disait qu'on y avait constamment remarqué que les hommes qui avaient reçu une culture générale, réussissaient mieux dans telle branche spéciale, comme le génie, les travaux publics, l'architecture, que ceux qui n'avaient reçu que l'instruction rigoureusement nécessaire pour cette spécialité.

On veut aussi sans doute, que les hommes formés dans nos écoles secondaires, ne soient pas seulement en état de travailler pour eux-mêmes, mais encore pour leurs semblables et pour leur pays. Or ce n'est encore que par un développement général que ce but sera sûrement atteint. Que l'on jette en effet les yeux sur les hommes qui figurent sur la scène du monde, dans les entreprises utiles à l'humanité, dans l'Eglise ou dans les charges de la République, et que l'on recherche quels sont ceux qui rendent le plus de services ; on reconnaîtra que ce ne sont pas ceux qui se sont bornés à entasser dans leur esprit une certaine masse de connaissances, sans qu'une intelligence forte les ait digérées et soit parvenue à les dominer entièrement ; mais que les hommes les plus utiles sont ceux qui, à une instruction solide, joignent un esprit vif, pénétrant, un coup-d'œil exercé, un jugement sûr, un caractère ferme et persévérant, un cœur chaud, de l'élan ; or, je vous prie, comment formera-t-on de tels hommes, si ce n'est par une éducation propre à réveiller dans l'ame les forces qui y sommeillent ?

L'expérience montre encore que ceux qui n'ont pas eu ce développement large et universel des forces humaines, ont ordinairement des vues étroites, mesquines, souvent entière-

(1) M. de Bunsen, ancien ministre de Prusse auprès de la Confédération suisse.

ment erronées, parce qu'ils ne connaissent qu'un côté des choses, au lieu d'embrasser l'ensemble des rapports ; et plus leur horizon est borné, plus aussi ils sont disposés à un entêtement qui résiste à tous les efforts que l'on fait pour le vaincre.

Les inconvénients d'une culture partielle et légère ne sont pas moins sensibles, quand on doit appliquer les notions acquises. L'esprit étant peu exercé, ne saurait procéder d'une manière ferme et sûre. Il hésite donc, il tâtonne, il n'a pas une allure franche, et si parfois il veut être hardi, il risque de graves erreurs. Pour appliquer avec sûreté, la connaissance de quelques recettes ou formules ne suffit pas ; il faut un grand jour, venant de haut, et produit par une culture générale ; alors, comme le disait un ancien philosophe (1), « l'entendement profite de tout, dispose tout, il agit, » il domine, il règne. »

Nous pourrions ajouter, que l'instruction qui n'est pas fondée sur un développement vigoureux s'efface très-vite. — On avait appris exactement, on répétait fidèlement, on croyait *savoir :* — quelques années ou quelques mois seulement se passent ; tout a disparu. Les notions n'avaient point de racine dans l'esprit, elles n'étaient pas liées à son activité, elles n'étaient pas vraiment *à lui*, elles se sont donc détachées sans offrir de résistance, ainsi qu'une couche légère semée çà et là sur le sol et que le premier vent emporte.

Enfin, voici un dernier mot, un mot décisif, pour prouver la nécessité d'une direction éducative dans les écoles moyennes ; « l'éducation seule peut former l'homme moral. » Oui, à elle seule appartient d'atteindre le cœur, de lui donner l'amour de tout ce qui est beau, de tout ce qui est bon, de

(1) Epicharme.

tout ce qui est honnête et digne de louange, en un mot d'y développer, selon l'heureuse expression du vénérable vieillard que nous venons d'entendre (1), ces qualités éternelles, divines, profondes, qui font la vie des individus, le bonheur des familles, la prospérité et la gloire des peuples. Nous voulons la moralité; eh bien! nous ne l'aurons dans nos écoles et dans la société, qu'en faisant l'éducation de l'ame, en *l'élevant*, en la faisant monter par degrés à l'état de dignité et de culture qui lui appartient dans l'ordre de la Providence.

## II.

J'ai cherché, Messieurs, à vous faire partager mes convictions touchant la nécessité d'une tendance éducative dans nos écoles secondaires; il me reste à vous indiquer comment on réussira à l'introduire et à la maintenir dans ces établissements.

Le premier moyen, c'est de donner à l'école un bon directeur. Un Comité ne suffit pas, parce que son action est trop divisée, trop intermittente et pas assez immédiate. Il faut un souffle de vie constant; c'est du Directeur qu'il partira.

Le Directeur est l'ame de l'école, il s'identifie avec elle, il la porte habituellement dans son cœur, il en fait l'objet constant de sa sollicitude et de ses pensées, il est le centre d'où part l'action et où elle revient sans cesse se réfléchir comme dans un foyer.

Avec lui, s'il remplit sa tâche, vous aurez l'unité et l'harmonie, première condition de succès; sans lui, la dispersion,

(1) Jean-Gaspard Zellweguer, de Trogen, dont le nom se rattache à tant d'entreprises généreuses et patriotiques. Sa présence et ses discours au sein de la Société d'Utilité publique Suisse, à Lausanne, ont produit une émotion générale.

les divergences, des études juxtaposées, mais point d'ensemble; et s'il n'y a, dans l'établissement, ni équilibre, ni ordre, ni harmonie, comment pourrait-on espérer d'en trouver dans l'ame des élèves?

Le Directeur est toujours là; il veille sur l'ensemble et sur les détails, il établit et maintient de justes rapports entre les personnes et entre les études. Il acquiert la connaissance du caractère et des circonstances de chacun des élèves; il les suit au milieu de leurs expériences diverses; il leur parle selon leurs besoins; il adresse à l'un des avertissements énergiques, à l'autre des conseils et des encouragements, à un troisième des consolations : à tous des paroles d'un intérêt vrai et d'une affection tendre. Il est au milieu des élèves comme un père au milieu de ses enfants; il est le principal moyen pour reproduire dans l'école quelques traits de la vie de famille; ferme et affectueux tout à la fois, sévère quand il le faut, mais d'une sévérité dans laquelle perce toujours l'amour et la miséricorde.

Si le Directeur est tel, et qu'il soit secondé par des maîtres qui travaillent sur le même plan et dans le même esprit, comment le caractère des élèves n'en recevrait-il pas une impression heureuse? Au sein d'une telle atmosphère morale, l'ame et la volonté aspireront la vie, elles se tremperont d'une manière forte, l'intelligence elle-même s'épanouira plus facilement, en un mot, l'homme tout entier pourra être formé.

Le second moyen propre à introduire une tendance vraiment éducative dans les écoles qui nous occupent, c'est l'emploi de bonnes méthodes, de méthodes appropriées aux besoins généraux de l'ame humaine et de cet âge en particulier.

Les méthodes à employer dans les écoles moyennes diffèrent sous certains rapports de celles qui conviennent aux écoles élémentaires. Dans celles-ci, par exemple, on fait un grand usage de l'intuition sensible (1); dans l'école moyenne on ne l'abandonnera pas tout-à-fait, mais on en usera avec réserve. Ce n'est plus le moment où l'élève doit former essentiellement ses idées par les objets qu'il voit et qu'il touche, le temps est venu où son esprit doit développer l'énergie qui lui est propre et se frayer son propre chemin. — Quelles seront donc les méthodes appropriées aux besoins des écoles moyennes?

C'est ce que je vais essayer de déterminer.

1°. Il me paraît d'abord que les maîtres, soit dans l'ensemble de leurs cours, soit dans chaque leçon en particulier, doivent, autant que possible, s'adresser à toutes les facultés de l'élève, pour les mettre en action. Que dans tout enseignement il y ait donc un aliment pour l'intelligence, un aliment pour l'imagination, un aliment pour le cœur. Que l'élève, dans son travail, se sente vivre, non d'une vie partielle, mais d'une vie d'homme exerçant largement toutes les facultés qui appartiennent à sa nature. Pour cela, que le maître lui-même agisse avec toutes ses facultés réunies, qu'il se donne tout entier à ses élèves et à son œuvre. Alors l'ame réveillera l'ame, la vie appellera la vie, et le développement général tendra à s'accomplir.

2°. Il faut avant tout s'adresser à l'intelligence, puis appeler la mémoire comme une servante, pour recueillir et garder avec soin ce que l'intelligence a reçu, saisi et digéré. La marche inverse habitue l'élève à parler sans comprendre, à faire des provisions de mots sans s'embarrasser du sens et de la

___

(1) Voir le livre intitulé : *De l'École normale du Canton de Vaud*, p. 68.

substance, à agir comme une machine qui obéit aveuglément à l'impulsion reçue, sans y mettre une spontanéité propre. Sous une telle discipline, peu à peu l'élève abdique sa qualité d'homme, il *répète*, il ne pense pas.

3°. Il faut partir de ce qui est connu de l'élève, pour le conduire de là à ce qu'il ne connaît pas encore. Ainsi, dès l'entrée il sera placé dans la lumière, et il s'avancera vers des régions nouvelles en éclairant peu à peu son chemin au moyen de notions déjà acquises. Par là aussi, son activité propre se mêlera constamment à celle de son maître, auquel il pourra dire: « Et moi aussi j'ai compris et j'ai trouvé. » Il n'est presque aucun sujet d'enseignement sur lequel l'élève n'ait pas déjà un certain nombre d'idées; il faut lui en faire rendre compte; quand il les aura tirées au clair, mises en ordre et exprimées, on sera étonné de voir quelle facilité il aura pour saisir tout ce qui lui reste à apprendre sur la matière.

4°. Il faut graduer la marche et diviser les difficultés. Les difficultés présentées en masse brisent la force ou l'émoussent. Les difficultés successives stimulent l'activité, la développent et accroissent l'énergie de moment en moment. C'est par des exercices bien gradués que l'on arrive à assouplir et à fortifier le corps, au point de le rendre capable d'actes et d'efforts vraiment merveilleux. L'esprit se forme par une gymnastique analogue.

5°. On s'arrêtera de temps en temps, pour répéter et recueillir les résultats déjà obtenus; on les mettra en ordre, on les enchaînera par une bonne généralisation, puis retrempé par ce travail, l'esprit marchera avec toutes ses forces réunies vers un champ de découvertes nouvelles.

6°. L'élève doit recevoir et produire. Il faut qu'il *reçoive*; car quoi qu'on en ait dit, il ne peut pas inventer la science, et trouver par ses seules ressources ce qu'il a fallu des siècles pour enfanter. Mais il faut qu'il fasse un large usage de ses forces; c'est une condition indispensable pour leur développement. L'élève d'une école moyenne doit être appelé fréquemment à faire un travail individuel dans lequel il rende compte nettement et complétement de ce qu'il a reçu de son professeur, ajoutant au fonds qui lui a été fourni, le produit de ses propres réflexions et l'œuvre de son activité intérieure. Des exercices de ce genre, faits soit de vive voix, soit par écrit, donneront au jeune homme un élan dont le cachet se retrouvera sur tous ses travaux subséquents. — C'est ce que Montaigne avait admirablement vu et exprimé : « On ne cesse, dit- » il, de criailler à nos aureilles, comme qui verserait dans un » entonnoir; et nostre charge ce n'est que redire ce qu'on nous » a dict : je voudrais qu'il (le maître) corrigeast cette partie ; et » que de belle arrivée, selon la portée de l'ame qu'il a en » main, il commenceast à la mettre sur la montre, lui faisant » gouster les choses, les choisir et discerner d'elle mesme; » quelquefois luy ouvrant chemin, quelquefois le luy laissant » ouvrir (1). »

7°. L'élève doit continuellement appliquer les principes auxquels il est parvenu. Ce sera le moyen de s'en pénétrer mieux, de les connaître sous toutes les faces, de donner plus de fermeté à son propre esprit et de lier les abstractions avec la vie réelle. D'ailleurs, la plupart des jeunes gens qui fréquentent les écoles moyennes devant être appelés plus tard à faire usage dans l'industrie ou dans les arts, des connaissances

(1) Essais, Liv. I, Ch. **XXV**.

qu'ils ont acquises, il est nécessaire de les mettre sur le chemin des applications de la science à toutes choses. Ainsi on introduira une direction plus spéciale et plus déterminée dans les travaux, sans toutefois affaiblir en rien leur caractère éducatif.

Un dernier moyen propre à donner à nos écoles secondaires une tendance éducative, c'est d'y faire une large part à certaines études qui contribuent puissamment au développement des facultés de l'homme. Parmi ces études, je n'indiquerai que les trois que j'envisage comme les plus importantes, les langues, les mathématiques et la religion.

1°. L'étude des langues, et, avant tout, celle de la langue maternelle.

Cette étude est éminemment propre à développer l'esprit, parce que c'est celle qui le fait le plus travailler sur lui-même. L'homme intérieur se réfléchit dans le langage (1); analyser le langage, c'est étudier la pensée; travailler à perfectionner le langage, c'est travailler à rendre la pensée plus nette, plus riche et plus juste. « Toute langue, dit M. Vinet, est un cours » pratique, un enseignement anticipé de logique et de psycho- » logie, une première révélation de nous-mêmes à nous- » mêmes, la plus sincère, la plus large et la plus vivante » représentation de l'homme, la meilleure et la plus facile » introduction à tous les exercices ultérieurs de la pensée. » » Etudier une langue « c'est étudier, jusqu'à un certain point, » les choses dans les mots, l'esprit dans les signes de ses pen- » sées, l'homme dans la parole (2). »

---

(1) Je n'irai pas jusqu'à dire que le langage est une empreinte complète et achevée de l'esprit humain, parce que dans leur imperfection les langues ne peuvent jamais tout exprimer. Il reste toujours en nous quelque chose qu'elles n'épuisent pas, ou dont elles ne donnent qu'une pâle copie.

(2) Chrestomathie I. Lettre à M. Ch. Monnard.

Dans une langue, nous distinguons essentiellement trois choses ;

(*a*) Les mots qui en forment comme le matériel ;

(*b*) Leur arrangement ou la construction des phrases et des périodes ;

(*c*) Enfin le génie de la langue, ses finesses, ce qui en fait les nuances et la beauté.

En étudiant les mots, on acquiert une foule innombrable d'idées ; c'est tout un monde qui entre dans notre esprit ; tellement, que l'on peut dire que si nous possédions tous les mots d'une langue, avec leur signification précise, nous aurions une science presque universelle. Car, en définitive, la langue est le réservoir de toutes les connaissances.

L'étude des constructions ou de la syntaxe nous conduit à analyser l'ordre de nos idées, leur liaison, la manière dont elles se présentent à notre esprit, le chemin le plus facile et le plus clair pour les faire passer dans l'esprit de nos semblables, les modifications des idées les unes par les autres, leur assemblage serré et puissant représenté par la construction de la phrase et de la période. Il y a là une véritable philosophie à la portée de tous les esprits.

Enfin l'étude du génie particulier d'une langue, de ses délicatesses, de ses tournures, est éminemment propre à former le goût et à donner à l'esprit une finesse qui saisit toutes les nuances. Rien n'aiguise plus l'intelligence qu'un pareil travail, quand il est fait sous la direction d'un maître à la hauteur d'une telle tâche.

Tels sont en général les avantages que l'on retire de l'étude du langage et tout premièrement de l'étude de la langue maternelle. Il faudra donc donner à ce travail une grande importance dans l'école moyenne, mais il ne devra pas y être fait de la même manière que dans l'école primaire.

Dans l'école primaire, on procède par une série d'exercices gradués, qui conduisent l'élève à la connaissance des principales règles. La grammaire naît ainsi peu à peu pour lui des observations qu'il fait sur son propre langage et sur les exemples qu'il analyse. Il part des faits, et de là il s'élève aux abstractions et aux principes. Les exercices auxquels il est appelé sont de divers degrés, selon l'âge de l'élève et son développement, mais ils ne sortent pas de la région élémentaire.

Dans l'école moyenne, on va plus loin. On présente les principes d'une manière plus profonde, plus complète; on les enchaîne par une méthode rigoureuse, on les appuie sur de nombreux exemples tirés des bons auteurs et l'on conduit l'élève jusqu'aux doctrines de la grammaire générale.

A ce travail on joint une lecture réfléchie et analytique de quelques-uns des meilleurs classiques français. On les explique avec soin. On fait ressortir les nuances dans la signification des mots synonymes, on étudie le tour plus ou moins heureux de la phrase, la succession des idées, l'élégance et la justesse de l'expression ; on cherche à établir une correspondance entre l'œuvre de l'écrivain et l'ame de l'élève, qui finira ainsi par tout comprendre et tout sentir. Ici l'étude de la langue ne se fait plus sur quelques phrases ou membres dispersés, mais elle se fait sur le vivant, sur des morceaux et des ouvrages où la langue se montre dans sa beauté, dans sa richesse et dans sa puissance. — Dans ces lectures pleines de charmes, l'élève saisit par une véritable intuition ou infiltration intellectuelle, l'esprit et la manière des bons écrivains; il se fait en lui une sorte d'assimilation de leurs pensées et de leur style, et plus tard, quand il prend la plume on recon-

naît dans ses productions l'influence des grands modèles. —
C'est une telle méthode que l'on emploie dans l'étude des
auteurs anciens, et l'on sait combien elle contribue au développement intellectuel des élèves. Elle ne produit pas des
effets moins heureux, quand on l'applique à l'étude de la
langue maternelle.

Aux moyens déjà indiqués, on ajoutera des exercices fré-
quents de composition et de résumé, soit de vive voix, soit
par écrit. Il faut non-seulement que l'élève crée en lui-même
l'idéal de ce qui est beau, pur et correct ; mais il faut encore
qu'il essaie de le reproduire par son propre travail. Une fois
le type dans son esprit, il s'agit de le réaliser par une lutte
persévérante contre toutes les difficultés d'exécution. Obligé
de frayer sa route au travers des obstacles, le jeune homme
sentira ses forces s'accroître et son esprit prendre de la fermeté
et de l'indépendance.

L'étude d'une ou plusieurs langues étrangères complètera
les avantages qu'il aura retirés de l'étude de la langue maternelle, sous le point de vue du développement de l'esprit.

Une langue étant une des manifestations les plus puissantes
de la vie intérieure et extérieure d'une nation, il en résulte
qu'étudier une langue c'est entrer directement dans la connaissance de la vie d'un peuple, apprendre à sentir avec lui,
à penser avec lui, et s'identifier avec lui autant que cela est
possible par un travail d'intelligence. L'étude d'une langue
étrangère est donc un des plus puissants moyens de développement pour l'homme, puisque par là il étend la sphère de
ses sentiments et de ses pensées doublant sa vie et s'associant à
l'existence, à la manière de voir, à la nature et au caractère
intime d'un autre peuple.

Voilà l'avantage fondamental que l'on trouve dans l'étude d'une langue étrangère ; mais ce n'est pas le seul. Nous y trouvons encore de nombreux points de comparaison , qui nous font mieux comprendre la langue que nous avons parlée dès notre première enfance.

L'étude de la langue maternelle est avant tout une affaire d'instinct et d'habitude , mais elle devient intelligente et réfléchie par les rapports et les différences que nous fournit l'idiome étranger. Comme une couleur ressort mieux, quand nous la plaçons à côté d'une couleur très-différente , de même nos formes de grammaire , nos tournures de phrase , nos règles prennent du relief et deviennent plus frappantes et plus nettes, quand nous les plaçons à côté de règles et d'habitudes grammaticales tout autres. Ce n'est guère que par l'étude d'une grammaire étrangère , que notre grammaire commence à devenir vivante. Sans comparaison , il n'y a point de jugement possible et tout reste pâle et décoloré.

Enfin , dans l'étude d'une langue étrangère , nous sommes obligés à un travail fort, propre à exercer vivement l'intelligence et à lui donner de la justesse et de la vigueur. Nous analysons, et l'analyse doit parfois être très-délicate. Nous remontons à l'origine d'un mot, nous déterminons sa signification primitive, puis passant aux significations dérivées, nous en marquons la succession , les diverses phases , nous en faisons l'histoire. Le mot ayant été étudié isolément, nous l'étudions dans la phrase. Ici , il est comme en action , s'associant à d'autres mots, formant avec eux un ensemble harmonieux et vivant ; et il arrive sans cesse que la phrase est assez difficile pour présenter un vrai problème dont la solution exige le déploiement de toutes les forces de l'intelligence , et qui en conséquence , contribue puissamment à les augmenter.

Reste maintenant à examiner quelles sont les langues dont l'étude est surtout propre à produire les bons effets que nous venons d'énumérer.

Les langues anciennes, et particulièrement les langues latine et grecque, doivent être nommées les premières. D'abord parce que ce sont des langues bien faites, d'une contexture un peu complexe et exigeant de ceux qui les étudient, un esprit d'analyse et des efforts constants d'attention. La distinction des cas, les inversions, les régimes des verbes, la liaison étroite des mots entr'eux, la longueur des phrases et des périodes, toutes ces combinaisans savantes que l'on rencontre dans le grec et dans le latin, exercent bien autrement l'esprit, que la simplicité de plusieurs de nos langues modernes.

De plus, c'est par l'étude des anciens, que nous remontons le cours des siècles, pour nous instruire des idées et des expériences de nos devanciers. Nous sommes les fils des anciens, c'est d'eux que nous tenons une partie considérable de nos pensées et de notre culture, et si l'on nous ôtait ce qu'il nous ont légué, nous serions bien étonnés du peu qui nous resterait. Il est vrai que les Grecs et les Romains étaient étrangers à bien des découvertes qui ont été faites de nos jours dans les sciences et dans les arts; ils n'avaient ni l'imprimerie, ni le télescope, ni la machine à vapeur, ni la poudre à canon, ni la puissance de notre analyse mathématique ou de nos appareils chimiques, mais leur esprit dans son développement et dans ses vues principales ressemblait beaucoup au nôtre; nous en avons suivi la trace. Aristote et Thucydide, Cicéron et Tacite, sous un certain rapport, ne sont pas proprement anciens, ils sont entièrement *nôtres* par les sympathies générales qui nous unissent à eux. Etudier leurs ouvrages et ceux des autres classiques de l'antiquité, c'est aller directement à l'une des origines principales de notre culture et de notre civilisation; c'est remonter du ruisseau à la source. — Après tout, l'humanité peut être envisagée comme un seul être, se développant de moment en moment, dans la succession des âges. Abandonner l'étude des anciens, ce serait nous séparer du commencement de notre vie, tronquer l'humanité et la ramener à l'enfance. — L'étude des classiques grecs et latins devra donc toujours être envisagée comme fondamentale dans la haute culture de l'homme.

On allègue la possibilité de connaître les anciens par des traductions bien faites. Mais les traductions ne sauraient transmettre à notre esprit l'élément ancien dans sa pureté et dans sa naïveté. Elles prennent les pensées des auteurs grecs et latins, pour les revêtir de nos couleurs et de nos vêtements modernes. Tout traducteur qui voudrait se coller de trop près à l'original, deviendrait bientôt barbare, inintelligible et ridicule. Nous ne pouvons pas être Grecs en parlant français. A chaque langue ses formes, ses nuances, ses draperies et son parfum. Pour entrer pleinement dans la connaissance de la civilisation des Grecs, il faut entendre et prononcer les mots harmonieux et suaves de leur langue, saisir la pensée tournée à la grecque et en recevoir l'empreinte. Une traduction donne les traits les plus saillans; l'étude des originaux peut seule faire connaître ce qu'il y a d'intime dans la pensée de l'auteur et dans la vie de sa nation.

Ce que je viens de dire montre assez que je suis partisan décidé des études classiques. Mais je reconnais que dans les écoles moyennes, telles que nous les avons conçues chez nous, il serait très-difficile d'introduire l'enseignement des langues anciennes, et que si on le tentait, on n'arriverait qu'à de très-pauvres résultats. Il faudra donc que le latin et le grec y soient remplacés par des langues modernes qui puissent rendre des services analogues. La plupart des langues de l'Europe occidentale, telles que l'italien, l'espagnol, l'anglais, ont l'inconvénient de ne pas présenter suffisamment de difficulté ou de résistance, soit sous le rapport des mots, soit sous le rapport de la construction. Elles offrent tant de ressemblance avec le français, que nous les savons en partie avant que de les avoir étudiées, et qu'il nous arrive souvent de deviner sans peine ce qui est enveloppé d'un voile si transparent. Ces langues ne peuvent donc nous fournir le travail philosophique que nous trouvons dans l'étude des langues de l'antiquité. Il n'en est pas de même à l'égard de l'allemand. C'est une langue originale, puisant ses racines en elle-même, riche, d'un génie fort éloigné de celui de la langue française, une langue qui d'ailleurs présente un organisme tellement régulier, que son étude constitue un véritable travail de logique. C'est la langue qui, plus que toute autre, peut faire l'éducation de l'esprit dans nos écoles moyennes. — D'autres circonstances militent encore en faveur de ce choix. Nos rapports avec le reste de la Confédération, notre voisinage de l'Allemagne, l'usage fréquent de cette langue dans les affaires industrielles et commerciales, ne permettent pas de la négliger dans nos écoles secondaires. On pourra y ajouter d'autres langues modernes, si les circonstances en indiquent la nécessité. Mais qu'on ne l'oublie pas, l'étude des langues ne produira les bons effets qu'on en attend pour le développement de l'esprit, qu'autant qu'elles seront enseignées méthodiquement et par principes. Sans cela la mémoire agit presque seule et l'entendement ne se développe point. Or nous voulons avant tout, que les langues servent au développement général de l'homme. Nous ne négligerons pas le côté pratique, qui donne à l'esprit la promptitude, la fermeté, l'aisance, la précision ; mais cette pratique s'appuiera sur la connaissance grammaticale du langage.

Une seconde étude très-essentielle pour le développement de l'esprit est celle des mathématiques.

Commençons toutefois par convenir que les procédés du raisonnement mathématique ressemblent peu à ceux qu'emploient les sciences philosophiques et morales. Dans les mathématiques, on part ordinairement d'une supposition ; une fois cette supposition admise, on procède par une chaîne d'égalités, pour arriver enfin à un dernier anneau que l'on unit au premier. On y retourne une même pensée sous mille formes, et, comme on l'a dit (¹), c'est en répétant sans cesse *le même est le même*, que cette science opère tous ses prodiges. — Dans les sciences philosophiques et morales, au contraire, on part ordinairement de certains principes, pour en déduire des conséquences, on analyse un objet en l'envisageant sous toutes ses faces, pour découvrir tout ce qui y est renfermé, ou après avoir rassemblé beaucoup de faits, on procède par induction et l'on arrive à un principe général. La méthode varie suivant les cas et le raisonnement prend des formes assez diverses. Il résulte de là, que l'étude des mathématiques ne peut point, ainsi qu'on l'a dit souvent, être envisagée comme un cours complet de logique pratique, puisque le mode de raisonnement qu'on y emploie a un caractère très-spécial et très-uniforme. Mais cette étude n'en offre pas moins des avantages inappréciables pour le développement de l'esprit.

(1) M. Prévost ; Essais de philosophie.

1°. Dans les mathématiques, tout est clair, précis, rigoureux, lié d'une manière puissante. L'erreur ne saurait y être tolérée, et aussitôt qu'elle s'y glisse, elle devient assez sensible pour être immédiatement attaquée et détruite. — D'ailleurs, dans cette étude, on ne peut pas se contenter de demi-notions. On sait ou on ne sait pas ; il n'y a presque pas d'état intermédiaire. Si l'on sait, on possède quelque chose de positif, de net, dont on peut sur le champ rendre compte. Si l'on ne sait pas, on ne se fait point illusion et l'on voit la nécessité de reprendre dès l'origine ce qui a été mal saisi. On comprend qu'une telle étude constitue une excellente discipline pour l'esprit : il y avance comme dans un sentier bordé de précipices, il faut qu'il marche droit, qu'il ne se permette aucun écart. Cette extrême sévérité donnerait même à l'esprit quelque chose de sec et d'étroit, si d'autres études ne venaient modifier ce que celle-ci a de trop rigoureux.

2°. L'étude des mathématiques a un autre avantage, celui d'exiger une attention forte de la part de l'élève. D'autres études peuvent se faire d'une manière moins laborieuse, mais dans celle-ci, tous nos pouvoirs intellectuels doivent être tendus, toutes nos voiles déployées. Ce travail opiniâtre donne une trempe vigoureuse à l'esprit et le rend capable de grandes choses. Si un jeune homme se montre disposé à faire ses études à la légère et d'une manière cursive, mettez-le aux mathématiques, il ne tardera pas à y prendre plus d'aplomb et de fixité.

3°. Les mathématiques donnent des habitudes d'ordre et un esprit de suite. Elles obligent à déterminer, avant tout, l'état de la question, le point d'où l'on part, le but vers lequel on tend et les moyens qui se présentent pour y arriver. Une fois lancé dans la route, on la suit en évitant avec soin tout ce qui pourrait causer la moindre confusion, chaque idée prend sa place, et à mesure qu'on avance on se sert des élémens que l'on a préparés pour aider à la solution de la question. Dès qu'on y est parvenu, on place le résultat à la suite des principes déjà obtenus et dont l'ensemble constitue la science.

4°. Un autre avantage étroitement lié au précédent, c'est qu'aucune étude ne permet mieux la méthode de recherche, que les mathématiques. Toutes les vérités s'y enchaînent si étroitement, qu'arrivé à l'une, on trouve assez facilement le chemin pour atteindre l'autre et pour parcourir ainsi graduellement la carrière tout entière, moyennant que l'on soit un peu aidé, surtout dans les momens où les difficultés se compliquent. Or si l'on profite de cet avantage dans l'enseignement, l'élève s'habituera à suivre une série d'idées, à les ordonner convenablement, à faire usage de toute son activité intellectuelle pour tendre à un but déterminé. Il se dépouillera peu à peu de l'hésitation qu'il éprouvait dans la combinaison de ses idées et dans leur expression; se sentant plus ferme, il prendra une certaine hardiesse, qui réagira favorablement sur les autres études, comme aussi sur la composition et l'improvisation. Ainsi l'âge de la vigueur et de la liberté commencera pour l'élève, il prendra des allures plus nettes, plus franches; il deviendra homme fort, homme pensant.

Enfin, les mathématiques donnent à l'esprit de la clarté et le besoin de se rendre compte de chaque chose. On ne saurait y admettre ni ombres, ni pénombres; les assertions qui ne reposent pas sur l'évidence ou sur une preuve solide, sont écartées; l'élève ne peut pas aux choses substituer des mots, et échapper au maître qui le presse, en se réfugiant dans le vague. Il faut qu'il explique nettement les principes, qu'il les appuie par des raisons solides, qu'il montre clairement qu'il a tout compris et tout digéré. De telles exigences tournent évidemment au profit de l'intelligence des élèves.

La dernière étude éminemment propre à imprimer aux écoles secondaires une tendance éducative, c'est celle de la religion.

On reconnaît assez son influence puissante pour purifier et ennoblir le cœur, pour développer dans l'homme le sentiment du devoir, le dévouement généreux, l'indépendance de caractère, l'inflexibilité de la conscience, la bonté, la douceur, la patience, la miséricorde, et cette charité qui est tout à la fois la base et le couronnement de toutes les autres vertus. — Mais ce qu'on n'est pas disposé à reconnaître également, c'est que la religion contribue plus que toute autre science à élever l'esprit et à lui donner plus d'étendue. — Et cependant n'est-il pas évident qu'aucune science ne propose des questions plus hautes et plus importantes ? Notre origine, le but de notre existence, les moyens de l'atteindre, notre perfectionnement, nos rapports avec Dieu et avec nos semblables, l'union du fini avec l'infini, les liens de la grande famille humaine, l'éternité avec ses mystères ! N'y a-t-il pas là de quoi donner à l'esprit un élan puissant ? Ne sent-il pas qu'il se développe quand il plâne dans ces régions sublimes ? La sphère religieuse n'est autre que celle de l'infini ; vouloir l'ôter à l'ame, c'est couper les ailes de l'oiseau et arrêter son plus noble essor ; c'est emprisonner l'être immortel dans sa maison d'argile, en lui disant : « Tu n'en sortiras pas. » — Certes, tous ceux qui connaissent les nobles facultés de l'homme, ses aspirations, ses besoins impérieux d'avenir, ne voudront pas tronquer à ce point son développement. Ils ouvriront à son intelligence un champ plus vaste, ils laisseront son cœur se rassasier déjà ici bas, de tout ce qui est pur, de tout ce qui est beau, de tout ce qui est grand, en Dieu qui en est la source éternelle ; ils voudront, en un mot, le développement chrétien.

Ajoutons enfin que la religion seule ramène à l'unité toutes les connaissances de l'homme. Notre intelligence s'exerce dans des directions très-diverses, et il en résulte de nombreux groupes d'idées qu'il n'est pas toujours aisé de lier entr'eux. Et cependant nous éprouvons le besoin de rapprocher ces membres épars, d'en former un seul corps, une unité puissante qui les résume et qui les concentre. Rapports, totalité, unité, voilà ce que cherche notre esprit au milieu de tant de notions variées. Il veut le *tout*, et non pas seulement des parties détachées les unes des autres. Or c'est essentiellement la pensée religieuse qui fait cette œuvre de coordination et qui consomme nos connaissances en *un*, en nous amenant à *Celui de qui, par qui et pour qui sont toutes choses*. Avec Lui tout se rapproche, se lie, s'éclaire, s'explique et trouve sa raison dernière. En Lui l'esprit trouve enfin son repos, et peut contempler comme d'un point unique et souverainement élevé tout ce qu'il nous a été donné de connaître. Dieu, l'inépuisable mot, le terme de toutes les études, Dieu centre de la science, voilà ce qu'il faut donner au jeune homme, pour qu'il saisisse la grande harmonie de l'univers.

Mais on comprend que, dans les écoles moyennes, l'enseignement religieux ne doit pas se renfermer dans le cercle des notions élémentaires. Il faut au contraire qu'il soit fort, qu'il se développe proportionnellement à tous les autres enseignements et se maintienne à leur niveau. Autrement qu'arriverait-il ? C'est que l'esprit gagnant les régions supérieures dans les autres branches, perdrait bientôt de vue les faibles éléments auxquels il se serait arrêté dans la science religieuse, et ne concevrait pour eux que du mépris ; il les regarderait comme bons pour des enfants, mais comme peu dignes d'un âge plus mûr. Ainsi la place de la religion ne tarderait pas à être vide dans l'ame dominée par d'autres influences. En définitive, le développement général serait tronqué d'une manière déplorable, et au bout de quelques années on se trouverait avoir formé une génération d'incrédules, qui rejetteraient le christianisme, parce qu'ils ne l'auraient jamais bien connu. Cet écueil a été signalé par des hommes dont je suis heureux d'invoquer ici le témoignage.

Ecoutons d'abord M. St. Marc Girardin dans son ouvrage remarquable sur l'instruction intermédiaire dans le midi de l'Allemagne. « Tous les livres que j'ai lus, dit-il, tous les » hommes que j'ai vus et consultés, tous témoignent, d'un » commun accord, que la religion est la seule base solide de » l'éducation. Soyez sûr, me disait-on, et ceux qui me par- » laient ainsi étaient des savants, des littérateurs, des philo- » sophes, soyez sûr que sans l'instruction religieuse, il n'y a » pas de bon système d'éducation ; et quand j'alléguais le peu » d'empire que les idées religieuses avaient en France, ils » secouaient alors la tête, comme désespérant de l'éduca- » tion d'un pays où la religion n'a point d'ascendant. Cette » unanimité de témoignages doit, si je ne me trompe, faire » quelque effet sur nous. Elle doit nous inspirer quelques » doutes sur la manière dont nous traitons l'instruction reli- » gieuse. Nous avons trop sécularisé les études ; et par là nous » les avons rétrécies. La science de la religion se borne au » catéchisme qu'on enseigne aux enfants quand ils vont faire » leur première communion ; le reste du temps, ils n'en enten-

» dent pas parler. — Les jeunes gens en ont (du catéchisme
» et de la religion) l'idée d'une science enfantine, et à mesure
» que leur esprit se développe, ils en font fi chaque jour davan-
» tage , comme d'une chose bonne pour les petits enfants. Il
» est important de faire comprendre que la religion , bonne
» pour les petits enfants, a aussi de quoi occuper les plus
» hautes intelligences, et qu'elle n'est pas au-dessous de l'at-
» tention d'un élève de rhétorique ou de philosophie. Je ne
» demande pas que l'on crée dans nos colléges une classe de
» théologie, qui suivrait la rhétorique et la philosophie, quoi-
» que j'aie l'idée que cette classe, qui serait littéraire quand le
» professeur expliquerait les beautés poétiques et oratoires de
» la Bible et de l'Evangile, philosophique quand il traiterait
» toutes les questions de la Trinité, de la prédestination, du
» péché originel, historique quand il raconterait les commen-
» cements du christianisme ; que cette classe, dis-je, avec une
» telle variété de points de vue dans une sphère toujours éle-
» vée, ne serait pas celle qui, au bout de 24 heures données
» à l'écoulement de la moquerie française, déplairait le plus
» aux élèves de nos colléges : je ne propose pas cette inova-
» tion ; mais je pense que ce serait un moyen de rendre à la
» science de la religion le sérieux qu'elle doit avoir, si les au-
» môniers des colléges faisaient pour les élèves de rhétorique
» et de philosophie, un cours de théologie, et attaquaient de
» front les esprits forts de 16 à 17 ans. Je ne veux point faire
» de dévots ; je veux seulement que la religion soit étudiée ;
» étudiez-là ! Eh bien, si après l'avoir examinée , elle vous
» paraît fausse et mauvaise, vous vous en séparerez, mais ce
» sera au moins en connaissance de cause et point par routine
» comme aujourd'hui. — L'instruction religieuse, en Allema-
» gne, circule, comme un esprit de vie, dans toutes les branches

» de l'instruction, depuis l'instruction élémentaire jusqu'à
» l'université (¹). »

A ce témoignage joignons celui de M. Cousin. « Un carac-
» tère non moins frappant des études dans les gymnases prus-
» siens est la haute importance de l'enseignement religieux.
» En Prusse, il n'y a pas une des six classes dont se compose
» le gymnase qui n'ait son cours de religion, comme son cours
» de latin, de grec et de mathématiques. Je l'ai déjà dit ail-
» leurs, et je le répète ici avec toute la force qui est en moi :
» le culte seul avec ses cérémonies ne peut suffire à des jeunes
» gens qui réfléchissent et qui sont déjà imbus de l'esprit du
» siècle. Un véritable enseignement religieux est indispen-
» sable, et rien ne se prête à un enseignement plus régulier,
» plus riche, plus varié que le christianisme, avec son his-
» toire qui remonte au berceau du monde et se lie à tous les
» grands événements de l'humanité, avec ses dogmes qui res-
» pirent une méthaphysique sublime, avec sa morale qui
» réunit toutes les qualités, austérité et indulgence ; enfin
» avec ses grands monuments, depuis la Genèse jusqu'au
» discours sur l'Histoire universelle. » Et un peu plus loin il
ajoute : « Ce serait précisément aux classes supérieures que
» conviendrait l'enseignement religieux tel qu'il devrait être.
» Ce serait aux lecteurs d'Homère qu'il faudrait commenter la
» Bible ; c'est à Démosthène qu'il faudrait ajouter Bossuet (²). »

Par ces citations d'hommes si distingués, j'ai voulu appuyer
mon opinion touchant la nécessité d'une instruction religieuse

(1) De l'Instruction intermédiaire et de son état dans le midi de l'Allemagne, par M. St. Marc Girardin, professeur à la faculté des lettres ; 1ʳᵉ part..
pages 14-16.

(2) De l'Instruction secondaire dans le royaume de Prusse, par M. V. Cousin, membre du Conseil royal de l'Instruction publique ; pages 143-144.

supérieure, dans toutes les écoles secondaires, soit colléges, soit écoles moyennes.

Deux honorables membres de cette assemblée ont exprimé des craintes touchant les divisions qu'occasionnerait l'enseignement religieux parmi des élèves de communions différentes. La solution de cette difficulté est aisée. Faites donner l'enseignement religieux aux élèves catholiques par un professeur catholique, et aux protestants par un professeur protestant. Alors la paix sera assurée, autant qu'elle peut l'être dans une institution humaine.

Messieurs ! J'ai désiré vous exposer mes vues sur l'application du principe éducatif dans les écoles moyennes, parce que cet objet me paraît se lier d'une manière étroite à notre prospérité nationale Il n'y a pas longtemps que de telles écoles sont en activité au milieu de nous, et elles n'ont pas pu déployer encore une influence sensible; mais cette influence se prépare, bientôt elle se développera, elle grandira et dans dix ans les fruits qu'elle aura produits couvriront notre sol. Les écoles moyennes peuvent faire un grand bien dans le pays, si l'œuvre est conduite avec sagesse ; elles peuvent au contraire tromper l'espérance des amis de la patrie s'il se mêle à cette œuvre des vues étroites et antipsychologiques, c'est-à-dire des vues contraires à la nature de l'homme et à ses vrais besoins.

Quelle est la première condition pour que les résultats soient heureux ! Je l'ai dit et je tiens à le redire encore : c'est que le développement soit complet, large, généreux, humain et divin tout à la fois. Que l'on ne se renferme pas dans un simple travail de mémoire, mais qu'on donne un plein essor à l'intelligence ; que l'on ne s'arrête pas au seul développement de l'intelligence, mais que l'on s'attache à élever l'âme, à la réchauffer et à l'ennoblir. — Les lumières de l'esprit, à elles seules, ne donnent ni les affections domestiques, ni l'amour de la patrie, ni les émotions de la charité, ni les sublimes dévouements de la vertu. Avec un grand développement intellectuel, on peut garder un cœur sec, égoïste et avili. — Que l'éducateur ouvre donc toutes les portes de l'ame, pour qu'elle reçoive les semences de la vie. Qu'il tienne ses regards arrêtés sur le plan de Dieu pour le développement de l'homme. Qu'il travaille sur ce modèle éternel. Alors toutes nos écoles, depuis l'humble salle d'Asile jusqu'aux auditoires les plus élevés de nos académies, formeront des hommes complets, primitifs, accessibles à toutes les sympathies, chefs de familles honorables, patriotes dévoués, chrétiens fidèles.

Ce sont de tels citoyens que je souhaite à notre Suisse.